MÉTHODE GLASHIN,

APPROUVÉE PAR L'UNIVERSITÉ.

EXPLICATION DE CETTE MÉTHODE,

PROMPTE, FACILE ET AMUSANTE,

POUR APPRENDRE

LA LANGUE ANGLAISE

AVEC OU SANS MAITRE.

PRIX : 10 CENTIMES.

PARIS,

A. ROYER, LIBRAIRE-ÉDITEUR,

Livres français, anglais, italiens, espagnols, allemands, livres
de mariage, superbes reliures pour étrennes, classiques, etc.

Place du Palais-Royal, 241, au 1er.

1843.

[illegible]

[illegible]

[illegible]

[illegible]

PARIS

[illegible]

[illegible]

MÉTHODE GLASHIN,

APPROUVÉE PAR L'UNIVERSITÉ.

EXPLICATION DE CETTE MÉTHODE,

Prompte, Facile et Amusante,

POUR APPRENDRE

LA LANGUE ANGLAISE

AVEC OU SANS MAITRE.

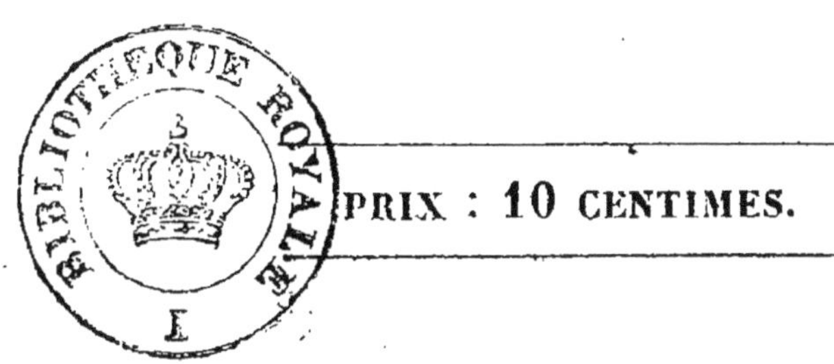

PRIX : 10 CENTIMES.

PARIS,

A. ROYER, LIBRAIRE-ÉDITEUR,

PLACE DU PALAIS-ROYAL, 241, AU 1er.

1843.

IMPRIMERIE DE COSSON, RUE SAINT-GERMAIN-DES-PRÉS, 9.

MÉTHODE GLASHIN,

APPROUVÉE PAR L'UNIVERSITÉ.

EXPLICATION DE CETTE MÉTHODE.

Quoique nous disions qu'on peut, avec notre ouvrage, apprendre la *langue anglaise sans maître*, nous sommes loin de prétendre qu'on ne puisse, comme en toute espèce d'étude, apprendre beaucoup mieux aidé d'un répétiteur (1); mais nous disons que puisqu'il est reconnu qu'avec notre méthode on peut apprendre sans maître, on a la certitude de pouvoir mettre à profit les intervalles des leçons

---

(1) Un grand avantage de notre méthode est de pouvoir s'assurer, quand on voudra, des progrès que fait un élève, sans savoir un mot d'anglais.

sans craindre de contracter une prononciation vicieuse, qu'il faudrait ensuite réformer.

La seule difficulté réelle dans l'étude de la langue anglaise étant de pouvoir converser avec un Anglais, nous avons combiné notre ouvrage de manière à ce que l'élève puisse se familiariser le plus tôt possible avec la conversation.

Nous avons été à même de reconnaître, par notre séjour alternatif à Paris et à Londres, que les élèves qui s'occupent beaucoup de grammaire et de règles de prononciation parviennent plus difficilement à bien écrire la langue anglaise, et surtout à se faire comprendre d'un Anglais, que celles qni laissent d'abord ces règles de côté ; nous avons aussi acquis l'expérience qu'un élève qui n'a encore aucune connaissance de la langue anglaise se trouve plus avancé au bout de trois mois d'étude et de leçons sur notre ouvrage, pour écrire correctement la langue anglaise et comprendre un Anglais, que ne l'est souvent au bout de deux ou trois années celui qui aura débuté par apprendre des règles de grammaire et de prononciation.

L'application immédiate de plus de cinq à six règles de prononciation à la fois, en parlant ou en lisant, est une chose tellement difficile que nous n'avons pas encore trouvé d'élève qui ne confondît les sons et les accents ; et s'il arrive qu'un élève parvienne, à force d'étude, à pouvoir faire tant bien que mal l'application de l'ensemble des règles, il est tout étonné de ne rien comprendre à la conversation familière en anglais.

Notre méthode est si simple qu'elle n'exige aucune combinaison de la part de l'élève, et, pour peu qu'il connaisse la grammaire de sa propre langue, il apprendra, ultérieurement, avec d'autant plus de facilité, le petit nombre de règles que comporte la grammaire anglaise. Ce ne sont pas des règles de grammaire qu'on apprend à l'enfant qui commence à parler sa langue maternelle, mais des mots et de petites phrases courtes ; les règles de la grammaire anglaise sont d'ailleurs si peu compliquées, qu'en quelques minutes on possède la conjugaison des verbes réguliers ; celle des verbes irréguliers, qui, tous, sont employés dans notre petit ouvrage, s'apprendra successivement par l'usage.

Nous avons adopté le format in-18 comme le plus commode à porter avec soi, afin de pouvoir ainsi s'en servir dans tous les moments de loisir.

MANIÈRE D'ÉTUDIER.

Le premier exercice à faire est de commencer par lire plusieurs fois de suite quelques lignes de la prononciation figurée qui se trouve aux pages paires, au-dessous du texte anglais; le deuxième, de lire le texte jusqu'à ce qu'on se soit accoutumé à lui donner la prononciation acquise par le premier exercice ; le troisième, d'étudier le texte anglais à l'aide du mot à mot français en regard, jusqu'à ce qu'on le comprenne comme si c'était du français. Le quatrième, de remettre le mot à mot français en anglais, en faisant toujours attention à la prononciation. On ne devra jamais passer d'une page à l'autre sans pouvoir faire parfaitement ce dernier exercice sur la page que l'on quitte.

Quand on aura étudié deux ou trois pages ainsi, on devra répondre déjà en partie aux interrogations commençant à la suite des verbes irréguliers.

Quand on sera parvenu à savoir répondre

sans hésitation à ces interrogations, on fera bien de remettre en anglais le bon français de notre ouvrage et de se servir du texte anglais pour reconnaître, par la comparaison, les fautes de construction qu'on aura commises.

Et attendu que notre grammaire est contenue, sans les verbes, dans cinq pages du petit format in-18 (1), et qu'elle est disposée dans le même ordre, quant aux parties du discours, que la grammaire française, il sera bien facile à l'élève de reconnaître lui-même les règles contre lesquelles il aura péché. Quant aux tournures particulières au génie de la langue anglaise, on ne devrait pas s'en occuper : c'est seulement la lecture des bons ouvrages qui peut conduire à ce résultat.

Nous ne pouvons trop le répéter, si l'on veut

---

(1) Aux personnes qui trouveraient que notre grammaire n'est pas assez développée, nous répondrons que c'est précisément ce qui en fait le mérite, et qui fait que tous nos élèves sans exception écrivent aussi correctement l'anglais que le français, et même avec bien moins de fautes de grammaire que des enfants anglais du même âge, élevés également en Angleterre, ne l'écrivent ordinairement.

parvenir promptement à parler la langue anglaise, à se faire comprendre d'un Anglais et à
en être compris, il faut (que l'on ait un maître
ou non) laisser d'abord toutes règles de côté,
pour ne s'occuper que de l'accent et de la prononciation, et commencer la conversation anglaise dès la seconde leçon, qui devra, ainsi que
les leçons suivantes, ne consister qu'en con-
versations, et ne s'inquiéter nullement des qua-
rante-deux règles de notre grammaire, à moins
que la personne avec qui l'on conversera ne les
cite.

Prétendre que l'on attaquera plus facilement
la conversation quand on saura un certain
nombre de mots est une grande erreur; car
nous avons trouvé que les personnes qui ne sa-
vaient absolument rien de la langue, en commençant, arrivaient bien plus tôt à soutenir une
conversation avec un Anglais que celles qui sa-
vaient traduire.

Ce n'est pas une théorie nouvelle que nous
cherchons à faire adopter, c'est une méthode
éprouvée sur plus de deux mille élèves, et que
nous avons reconnue comme la seule bonne pour
l'étude d'une langue exceptionnelle, qui n'offre

de difficultés que sous le rapport de la prononciation.

Les premières lignes de notre ouvrage paraîtront peut-être un peu difficiles à étudier, mais bientôt la prononciation deviendra tellement familière, que l'on n'aura besoin de se servir de la prononciation figurée que pour certains mots (1), et seulement de loin en loin. C'est la prononciation en usage pour la conversation familière, beaucoup plus difficile pour les Français que celle usitée dans la chaire, au parlement et au barreau, que nous avons figurée. Ainsi, par exemple : my, by, how do you do, que nous avons rendus par mi, bi, âoudjedou, se prononcent maï, baï, âou do you dou, quand on parle doucement, posément, avec gravité.

La prononciation en usage dans la conversation, aussi bien que celle usitée au barreau, consiste, en général, à négliger un peu les

---

(1) Leur nombre est borné, et i en est de tellement homogènes, qu'en se familiarisant avec quelques-uns, on sait d'avance la prononciation des autres, qu'on reconnaît par analogie.

voyelles, et à appuyer sur les consonnes en sifflant et en serrant les dents. L'accent consiste à élever la voix au commencement des phrases et des mots, et à la laisser mourir à la fin en serrant les dents.

Il y a peu d'exceptions à ces règles ; et, quant aux Français, ils ne doivent en admettre aucune, parce que, quelque bien qu'ils parlent la langue anglaise, la leur exigeant précisément le contraire, ils ne seront toujours que trop enclins à s'en écarter.

Quand on est arrivé au point de pouvoir converser, si l'on veut se perfectionner, acquérir la prononciation ou l'accent du barreau, qui est tout autre chose que ce qu'il faut pour la conversation familière, on fera bien d'avoir un dictionnaire de prononciation tout anglais, non pour en faire une étude spéciale, mais pour le consulter au besoin sur quelques mots dont on ne croirait pas posséder parfaitement la prononciation. Le th est presque le seul son anglais que nous ne soyons pas parvenu à rendre exactement. Le son de la lettre z, qu'on doit prononcer en sifflant et en appuyant la langue contre les dents supérieures, est celui qui en approche le plus.

Plusieurs ouvrages, avec la prononciation figurée, pour les Français, ont été faits avant le nôtre; mais, parmi ceux que nous avons examinés, il est facile de s'apercevoir que les deux langues n'étant pas également familières aux auteurs, ils n'ont pu, dès lors, rendre la prononciation figurée avec toute l'exactitude désirable.

Nous ne prétendons pas avoir donné une prononciation identiquement pareille à celle qu'on apprendrait, de vive voix, d'un Anglais; mais, telle que nous l'avons donnée, elle pourra du moins être d'un grand secours, si l'on n'a pas de maître.

Le moyen ultérieur de s'assurer si la prononciation figurée peut être d'une utilité réelle, c'est d'en lire deux ou trois pages à un Anglais impartial; s'il vous comprend, vous serez certain alors que vous possédez la clé de cette prononciation jugée si difficile.

Après avoir étudié quelques pages de l'ouvrage, comme nous l'avons indiqué, on fera bien d'apprendre la prononciation de l'alpha-

bet, qui se trouve à la fin des verbes irréguliers, et de lire l'exercice sur l'e final au bas de
la même page.

Nous avions d'abord fait notre ouvrage avec
une traduction interlinéaire, qui offre déjà un
moyen très facile et très prompt d'étudier une
langue quelconque ; mais nous avons trouvé
une telle supériorité, après quelques mois d'expérience, dans la traduction mot à mot en
regard, que nous avons préféré sacrifier cette
première publication tirée à un grand nombre
d'exemplaires, plutôt que de retarder l'époque
où nous comptions donner l'ouvrage perfec-
tionné.

Les interrogations n'étaient pas non plus
complètes, et nous n'en avions pas donné de
traduction en français, de manière qu'on pouvait se trouver par fois embarrassé ; au lieu
qu'à présent le chemin est tout tracé, il n'y a
plus qu'à marcher. Et, comme lorsqu'on pos-
sèdera quelques pages de notre ouvrage, on
pourra entamer une conversation avec un Anglais sur un sujet qu'il connaît, on n'aura pas
à craindre qu'on ne puisse bientôt converser
avec lui sur un sujet quelconque ; ce qui pá-

raissait presque impossible jusqu'à présent; même, il semblait qu'à force de règles et de théories, plus on étudiait, moins on comprenait.

Comme notre ouvrage est destiné à être mis entre les mains de la jeunesse, nous avons élagué, sans avoir rien changé d'ailleurs au texte, quelques mots qui auraient pu parfois blesser la chaste susceptibilité d'une oreille française; mais, en fait de livres anglais, nous ne pensons pas que l'on ait pu en choisir de meilleurs.

N. B. A l'appui de nos assertions, nous allons citer deux exemples, sur mille que nous avions à énumérer, de ce qui arrive toujours lorsqu'on commence l'étude de la langue anglaise par l'étude de la grammaire ou par des règles de prononciation anglaise.

—

Un officier français, qui avait été fait prisonnier avec plusieurs de ses camarades, avait, longtemps avant, appris la langue anglaise à force de règles de grammaire et de prononciation anglaises; il entendait parfaitement tous les auteurs, et avait même fait une grammaire anglaise et un traité sur les différentes prononciations et les accents de cette langue. Il croyait donc être en état de comprendre parfaitement tous les Anglais; mais quand il voulut servir d'interprète pour ses camarades, ou dire quelque chose pour lui-même, quel fut son étonnement de ne pas entendre un seul mot, ni de pouvoir se faire comprendre le moins du monde!

De tous les officiers qui furent faits prisonniers avec lui, ou qui eurent la même petite ville pour prison, ce fut le seul qui, au bout de quelques semaines, ne parvint pas à comprendre les habitants ni à en être compris.

L'autre est un ancien magistrat, M. le comte de Fortis, qui, désirant faire une tournée en Angleterre, engagea un de ses amis, qui avait étudié la langue anglaise à force de règles de grammaire et de prononciation, et sous la direction d'un habile professeur de la capitale, à l'accompagner.

Cet ami, se croyant parfaitement en état de servir d'interprète au magistrat, agréa sa proposition d'autant mieux qu'il se proposait lui-même d'y aller.

Arrivés dans la première petite ville anglaise, l'ami voulut converser avec les habitants, mais quelle fut sa surprise de ne pas comprendre un mot de ce qu'on lui disait, ni de pouvoir se faire entendre!

Il se figura d'abord que ce ne pouvait être qu'un patois de province, que les habitants de Londres ne comprendraient pas; mais, arrivé dans cette capitale, il ne fut pas plus heureux. Et, chose remarquable, quoique ce soit toujours ainsi, ce fut, au bout de quelque temps, le magistrat, qui n'avait pas étudié de règles de grammaire ou de prononciation, qui servit d'interprète à l'ami qui s'était donné tant de peine à apprendre précisément ce qui l'empêchait de comprendre et d'être compris.

ÉCOLE DE COMMERCE.

DES EXAMENS ont lieu tous les jeudis, de 3 à 5 heures. Les enfants sont interrogés tour à tour sur les diverses matières de l'enseignement. On parle anglais pendant une partie de la séance. Les parents, en venant s'assurer des progrès successifs de leurs enfants, entretiennent l'émulation parmi nos élèves; aussi, nous ne saurions trop les engager à assister à ces examens.

L'éducation est toute française, mais hors des classes on ne parle qu'anglais.

Récréation dans un parc de deux hectares.

Les omnibus de la rue de Rohan, 6, à Paris, passent tous les quarts d'heure devant la porte de la pension, à Boulogne (Seine) 83, Grande rue.

www.ingramcontent.com/pod-product-compliance
Lightning Source LLC
Chambersburg PA
CBHW051312050726
47595CB00008B/3506